Novena Perpétua de Nossa Senhora Aparecida

EDITORA SANTUÁRIO

Direção editorial:	Pe. Fábio Evaristo R. Silva, C.Ss.R.
	Pe. José Luís Queimado, C.Ss.R.
Conselho editorial:	Cláudio Anselmo Santos Silva, C.Ss.R.
	Edvaldo Manoel Araújo, C.Ss.R.
	Ferdinando Mancilio, C.Ss.R.
	Gilberto Paiva, C.Ss.R.
	Marco Lucas Tomaz, C.Ss.R.
	Victor Hugo Lapenta, C.Ss.R.
Coordenação editorial:	Ana Lúcia de Castro Leite
Diagramação e capa:	Mauricio Pereira

Textos:
Ir. Alan Patrick Zuccherato, C.Ss.R.
Pe. José Ulysses da Silva, C.Ss.R.

ISBN 978-65-5527-321-2
ISBN 978-65-5527-338-0 (E-book)

4ª impressão

Todos os direitos reservados à **EDITORA SANTUÁRIO** – 2024

Rua Pe. Claro Monteiro, 342 – 12570-045 – Aparecida-SP
Tel.: 12 3104-2000 – Televendas: 0800 016 00 04
www.editorasantuario.com.br
vendas@editorasantuario.com.br

APRESENTAÇÃO

"Na Virgem Maria tudo se refere a Cristo e dele depende." (Paulo VI)

Maria é inseparável de Jesus, porque Ela depende da abundante Redenção do seu Filho. Louvando a Maria é também a Jesus que louvamos; "amando a Maria é também a Jesus que amamos. Tudo em Maria nos leva a Jesus, que 'é o único caminho para o Pai'". O verdadeiro devoto de Maria deve seguir seu exemplo: "deve viver a vida de Jesus e possuir o seu Espírito" (Paulo VI). Mas é verdade também que, na companhia de Maria, é mais fácil chegar a Cristo e à comunhão da Trindade Santa. Vamos crescer na Fé, com a presença materna de Nossa Senhora.

1. Acolhida

Dirigente: REUNIDOS "com Maria, Mãe de Jesus", formamos a grande Família de Deus que é a Igreja. Comunidade de Fé, Esperança e Amor, Comunidade de Oração e de Vida em Cristo pelo Espírito Santo. Somos muitos irmãos e irmãs, fisicamente reunidos, mas sobretudo espiritualmente unidos pelo amor à Mãe de Deus e nossa. Por Maria a Jesus, por Jesus ao Pai em Comunidade, animados e conduzidos pelo Espírito Santo! Somos os Devotos da Mãe Aparecida, somos a grande Família dos Devotos, reunidos em Oração. É com este espírito que celebramos a nossa Novena Perpétua em louvor de Nossa Senhora Aparecida.

2. Canto: Viva a Mãe De Deus
(J. Vicente de Azevedo)
Viva a Mãe de Deus e nossa, sem pecado concebida! Salve, Virgem Imaculada, ó Senhora Aparecida!

Aqui estão vossos devotos, cheios de fé incendida, de conforto e de esperança, ó Senhora Aparecida!

3. Saudação
Dirigente: Em nome do Pai e do Filho † e do Espírito Santo.
Todos: **Amém.**
Dirigente: Senhora Aparecida, nós vos oferecemos esta Novena para vos louvar e vos agradecer.
Todos: **Movidos pelo Espírito Santo e unidos no Amor de Cristo,/ queremos convosco louvar e agradecer ao Pai Celeste,/ pedindo-lhe nas seguintes intenções:**

Intenção comunitária:
(Neste momento, o dirigente da Novena apresenta algumas intenções, reza pela Família dos Devotos e motiva a participação pelo 0300 2 10 12 10 e por meio das Redes Sociais. Lembre-se de incluir os acontecimentos atuais, positivos ou negativos.)

4. Intercessão – Mãe de Deus e nossa

Dirigente: Senhora Aparecida, ao vosso coração de Mãe confiamos os nossos pedidos, não para fugir das nossas responsabilidades, mas para que sejais o nosso modelo e auxílio no testemunho vivo da fé, da esperança cristã e do amor ao próximo e ao mundo. Vós, que sois a "onipotência suplicante", intercedei por nós!

Todos: **À vossa proteção recorremos,/ Santa Mãe de Deus,/ não desprezeis as nossas súplicas em nossas necessidades,/ mas livrai-nos sempre de todos os perigos,/ ó Virgem gloriosa e bendita!**

Dirigente: Mãe de Deus, Rainha do mundo e Senhora Nossa, Mãe da igreja, Mãe do Perpétuo Socorro! Mostrai que sois nossa Mãe e fazei-nos dignos de ser vossos filhos e filhas!

Todos: **Advogada nossa,/ sois, depois de Jesus,/ toda a nossa esperança,/ nossa vida e salvação;/ sois o Refúgio dos pecadores!/ Convertei-nos e ajudai-nos/ a vencer as tentações até a morte,/ vivendo em Comunidade o amor fraterno.**

Dirigente: Mãe de Misericórdia, nós vos agradecemos por todas as graças e benefícios, especialmente por nos terdes dado o Cristo Salvador, nosso Deus e nosso Irmão! Mãe de Deus e nossa, nós vos louvamos com as palavras inspiradas pelo Espírito Santo à vossa Igreja: *(pode ser cantada)*.

Todos: **Ave, Maria, cheia de graça, o Senhor é convosco, bendita sois vós entre as mulheres e bendito é o fruto do vosso ventre Jesus.**

Santa Maria, Mãe de Deus, rogai por nós, pecadores, agora e na hora e nossa morte. Amém.

5. Oração pelas vocações

Leitor: Rezemos pelos continuadores da Missão Salvadora de Jesus.

Peçamos a Nossa Senhora, Mãe, Mestra e Discípula-Missionária, que nos ensine a ouvir o Evangelho da Vocação e a responder com Alegria.

Dirigente: Senhora Aparecida, a vós recomendamos uma intenção muito particular: pelas vocações sacerdotais e religiosas.

Todos: **Mãe da Igreja,/ convosco pedimos ao Pai/ mais Operários para o Reino de Deus:/ homens e mulheres consagrados de modo especial/ ao serviço de Deus e dos irmãos e irmãs.**

Dirigente: Santificai nossas famílias, para que sejam fonte de vocações sacerdotais e religiosas, e dai perseverança àqueles que

se preparam para esta sublime missão. E que cada pessoa acolha o chamado de Jesus como graça e Missão em sua Vida.
Todos: **Dai aos sacerdotes e religiosos/ fidelidade aos seus compromissos sagrados,/ e fazei que todos vivamos com responsabilidade/ a nossa vocação de batizados despertando as novas gerações. Amém!**

Canto: Enviai, Senhor! *(DR)*
Enviai, Senhor, muitos operários, para a vossa messe, pois a messe é grande, Senhor, e os operários são poucos.

Leitor: Peçamos a intercessão de dois grandes santos, para que nos ensinem a amar e venerar Maria Santíssima, assim como eles a amam e veneram: São José, seu esposo, e Santo Afonso Maria de Ligório, o cantor das Glórias de Maria.

Leitor: Oração a São José, Esposo da Mãe de Deus e Padroeiro da Igreja Católica.

Dirigente: Lembrai-vos, ó São José, que nunca se ouviu dizer, ficasse sem consolo quem procura a vossa proteção e solicita o vosso apoio. Pai da Sagrada Família, cheios de confiança, nós vos pedimos especialmente pelas nossas famílias e pela Igreja, Família de Deus.

Todos: **Esperança dos enfermos e protetor dos agonizantes,/ a vós recomendamos também/ todos aqueles que estão em perigo de vida./ Dai-lhes vossa assistência carinhosa,/ alcançai-lhes o perdão dos pecados/ e a conformidade com a Vontade de Deus.**

Leitor: A Santo Afonso Maria de Ligório, fundador dos Missionários Redentoristas, responsáveis pelo Santuário Nacional de Nossa Senhora Aparecida.

Dirigente: Ó Santo Afonso, Missionário e Doutor da Igreja, vós nos ensinastes que quem reza se salva, e que um verdadeiro devoto de Nossa Senhora não pode se perder: alcançai-nos a graça de pôr em prática a vossa doutrina.

Todos: **Ajudai-nos a imitar o vosso exemplo/ na devoção ao Sacramento da Santa Eucaristia e à Mãe Imaculada,/ na fidelidade à Igreja e ao Papa,/ no espírito de oração, de renúncia e de abnegação própria,/ no zelo inflamado pela glória de Deus/ e pela salvação dos pobres e mais abandonados./ Que sejamos verdadeiros missionários/ da "Copiosa Redenção"! Amém.**

6. Preces a Nossa Senhora, Mãe da Igreja

Leitor: Perseveramos convosco, ó Mãe Aparecida, na procura de Cristo, por isso:

Todos: **Queremos amar a Deus e ao próximo, libertando-nos dos nossos erros pessoais e das nossas faltas na Vida Familiar, Social e Profissional. Concedei-nos a graça de uma conversão sincera e contínua para sermos cristãos e devotos autênticos.**

Dirigente: Nesta Ladainha, vamos interceder pela nossa Igreja, para que aprendamos a viver e crescer em Comunidade fraterna, e por aqueles que estão afastados, para que voltem a participar da vida da Comunidade.

Ladainha
Dirigente: Santa Maria Mãe de Deus!
Todos: **Rogai por nós!**
Dirigente: Mãe do Cristo Libertador!
Todos: **Rogai por nós!**
Dirigente: Mãe da Divina graça!
Todos: **Rogai por nós!**
Dirigente: Mãe do Redentor!
Todos: **Rogai por nós!**
Dirigente: Mãe da Misericórdia!
Todos: **Rogai por nós!**
Dirigente: Mãe da Esperança!
Todos: **Rogai por nós!**
Dirigente: Mãe Aparecida!
Todos: **Rogai por nós!**
Dirigente: Mãe do Perpétuo Socorro!

Todos: **Rogai por nós!**
Dirigente: Mãe das Dores!
Todos: **Rogai por nós!**
Dirigente: Rogai por nós Santa Mãe de Deus:
Todos: **Para que sejamos dignos das promessas de Cristo!**

Canto: **Maria, clamamos a vós!
Lá no céu, rogai a Deus por nós!** (2x)

7. A Palavra de Deus
Dirigente: Por Maria, Deus nos deu a Sua Palavra encarnada! Foi a Fé de Maria que a fez dar o seu SIM à Palavra! Por isso, Ela é a "melhor e mais perfeita discípula da Palavra".
Todos: **Ensinai-nos a ouvir o vosso Filho e a "fazer tudo aquilo que Ele disser".**

Canto: No Santuário da Graça
(Pe. Ronoaldo Pelaquin, C.Ss.R.)
No Santuário da Graça, eu fico olhando Maria, quero viver a Palavra do jeito que Ela vivia!

Leitura
(Ler um versículo das Sagradas Escrituras)

Mensagem Missionária
Com Maria e como Maria, os católicos e a Família dos Devotos se revestem da Palavra.

8. Canto
Senhora Aparecida, guiai a nossa sorte, ó doce Mãe querida, na vida e na morte! (bis)
Senhora Aparecida Mãe de Deus e Mãe da Igreja: nos caminhos desta vida vossa bênção nos proteja.

9. Rainha Padroeira do Brasil
Leitor: O Brasil foi consagrado oficialmente a Nossa Senhora Aparecida em 1931; mas por Maria todos nós fomos consagrados a Deus em nosso Batismo.

Consagração

Dirigente: Maria Santíssima, Senhora Aparecida, Mãe de Jesus e nossa Mãe querida, sois a Imaculada Conceição, a esposa de São José e a Padroeira da nossa pátria e do nosso povo. Convosco louvamos e agradecemos ao Senhor, que estende sua misericórdia sobre nós e sobre toda a humanidade. Renovai a nossa esperança de vida e de fraternidade.

Todos: **A vós renovamos a nossa consagração filial, porque confiamos na vossa intercessão materna junto ao vosso Filho, em todas as nossas necessidades.**

Leitor: Continuai a cuidar do nosso povo brasileiro e estendei o vosso olhar sobre todos os povos do nosso continente e de todo o mundo.

Todos: **Mãe de Deus e nossa, protegei a Igreja, Povo de Deus, para que as nossas comunidades e as nossas famílias sejam unidas, e jamais lhes falte o necessário para o corpo** e para o espírito. Guardai sob o vosso manto protetor o nosso Papa, os bispos, os sacerdotes, diáconos, religiosos e religiosas.

Leitor: Saúde dos Enfermos e Consoladora dos Aflitos, sede conforto dos que sofrem no corpo ou na alma; sede luz dos que procuram Cristo, Redentor da Humanidade; a todos os homens e mulheres, mostrai que sois a Mãe de nossa esperança.

Todos: **Rainha da Paz e Espelho da Justiça, afastai de nós as discórdias e as guerras, e que o nosso país alcance a paz por meio da justiça, para que todos convivamos como irmãos e irmãs.**

Dirigente: Nossa Senhora Aparecida, abençoai e protegei todos os vossos devotos, acompanhai e protegei todos os que acorrem ao vosso Santuário, e ensinai-nos a viver iluminados pela Palavra do vosso Filho.

Todos: **Amém!**

10. Por Maria a Jesus

Dirigente: Senhor Jesus, com Nossa Senhora Aparecida, agora nos dirigimos a vós, cheios de fé e confiança.

Todos: **Nós vos adoramos,/ nós vos agradecemos,/ nós vos pedimos perdão pelos nossos pecados/ e vos suplicamos tudo o que é necessário para a nossa vida e salvação.**

11. Canto para aspersão da assembleia com água benta – Virgem Mãe Aparecida

(João Baptista Lehmann)
(Enquanto o ministro asperge a Assembleia, canta-se o seguinte canto...)

1. Virgem Mãe Aparecida, estendei o vosso olhar sobre o chão de nossa vida, sobre nós e nosso lar.
Virgem Mãe Aparecida, nossa vida e nossa luz/: dai-nos sempre nesta vida paz e amor no bom Jesus:/

2. Estendei os vossos braços que trazeis no peito em cruz, para nos guiar os passos para o Reino de Jesus:/
3. Desta vida nos extremos trazei paz, trazei perdão, a nós, Mãe, que vos trazemos com amor no coração.

12. Bênção da saúde

Leitor: Pela saúde e bem-estar de todos, rezemos!

Dirigente: Ó Jesus, temos ainda um pedido especial a fazer-vos nesta Novena, por intercessão de Nossa Senhora Aparecida: – Dai-nos a Bênção da saúde!

Todos: **Vós, que viestes "para que todos tenham vida/ e a tenham em grande abundância",/ vós, que sois o Deus da Saúde, do bem e da felicidade,/ fazei que tenhamos sempre a saúde do corpo e da alma!**

Leitor: Peçamos pelos doentes.

Dirigente: Senhor, derramai a vossa bênção sobre todos os nossos doentes: os que estão em nossas casas e os que foram hospitalizados. Os que sofrem no corpo e os que sofrem na alma. Olhai, de modo especial, por nossas crianças e nossos idosos enfermos. Dai-lhes o consolo e a esperança, e que não lhes faltem os cuidados necessários.

Todos: **Dai-lhes força e paciência! E fazei que eles compreendam/ que não estão sozinhos nem são inúteis,/ mas estão crucificados convosco para a salvação do mundo!**

Dirigente: Senhor, restituí-lhes a saúde e dai-lhes conformidade com a vossa Santa Vontade! Que eles confiem na vossa Providência de Amor e Misericórdia! Pois, participando da vossa Paixão e Morte, terão parte igualmente na vossa Ressurreição!

Leitor: Rezemos pelos que cuidam dos doentes.

Todos: **Auxiliai também todos os que se dedicam aos enfermos/ para que encontrem** os recursos adequados ao seu tratamento/ e cuidem deles com verdadeiro amor cristão. Que a política da Saúde pública seja eficiente e honesta, principalmente em favor dos pobres.

13. Bênção dos remédios
Dirigente: Pedimos ainda a vossa Bênção † para que os remédios que são dados aos nossos enfermos sejam eficazes. Eles são os meios que a vossa Providência concede para a recuperação da saúde.
Todos: **Senhor, escutai a nossa prece!**

14. Bênção da água
Dirigente: Bendigamos ao Senhor por todos os bens da natureza, especialmente pela água.
Todos: **Bendito seja Deus para sempre!**
Dirigente: Bendigamos ao Senhor pela água do Santo Batismo, que nos torna filhos e filhas de Deus.
Todos: **Bendito seja Deus para sempre!**

Dirigente: Abençoai, Senhor, pela intercessão de Nossa Senhora Aparecida, esta água que vossos filhos e filhas aqui trouxeram. Que seu uso leve todos a cumprir a vontade do Pai. Seja ela em suas casas um sinal de vossa presença salvadora!
Todos: **Renovai em nós, Senhor, por meio desta água, a fonte viva de vossa graça, a fim de que sejamos livres de todos os males e possamos nos aproximar de vós com o coração purificado. Amém!**

15. Bênção geral aos objetos
Dirigente: Deus, cuja palavra santifica todas as coisas, pedimos com fé a vossa Bênção sobre todos os devotos de vossa Mãe Santíssima e para estes objetos de piedade. Concedei que todo aquele que, entre ações de graças os usar, de acordo com a vossa Lei e Vontade, pela invocação do vosso Santíssimo nome, alcancem os dons de que necessitam. Em nome do Pai e do Filho e do Espírito Santo.

Todos: **Amém!**
Dirigente: Glória ao Pai, ao Filho e ao Espírito Santo.
Todos: **Como era no princípio, agora e sempre. Amém!**

16. Canto final e bênção individual

Senhora Aparecida, ó Mãe do Redentor, nós somos vossos filhos e filhas: Guardai-nos com amor!
Maria de Jesus, Maria, Mãe querida, a Vós nos consagramos por toda nossa vida!
Perpétuo Socorro, Maria, Mãe do Amor, levai-nos a Jesus, o Cristo Salvador!
Maria, Mãe das dores, Maria ao pé da Cruz! Sinal de Redenção, Maria de Jesus!
Da Igreja peregrina, Maria companheira! Maria junto aos filhos e na hora derradeira!

(Ou:)

Graças vos damos, Senhora,/ Virgem por Deus escolhida,/ para Mãe do Redentor,/ ó Senhora Aparecida.

Como a rosa entres os espinhos,/ de graças enriquecida,/ sempre foi pura e sem mancha/ a Senhora Aparecida.

Se quisermos ser felizes,/ nesta e na outra vida,/ sejamos sempre devotos/ da Senhora Aparecida.

E na hora derradeira,/ ao sairmos desta vida,/ rogai a Deus por nós,/ Virgem Mãe Aparecida.

É nossa Corredentora!/ É por Deus favorecida,/ é por nós sempre louvada/ a Senhora Aparecida.

Seja, pois, sempre bendita,/ a Virgem esclarecida:/ mil louvores sejam dados/ à Senhora Aparecida.

(Ou:)

Pelas estradas da vida/ nunca sozinho estás; / contigo, pelo caminho, / Santa Maria vai.
Ó vem conosco, vem caminhar,/ Santa Maria, vem! (bis)
Se pelo mundo os homens/ sem conhecer-se vão,/ não negues nunca a tua mão/ a quem te encontrar.
Mesmo que digam os homens:/ tu nada podes mudar, / luta por um mundo novo/ de unidade e paz.
Se parecer tua vida/ inútil caminhar,/ lembra que abres caminho,/ outros te seguirão.

PADRE VÍTOR COELHO DE ALMEIDA

Apóstolo de Aparecida

Padre Vítor Coelho nasceu na cidade de Sacramento, Minas Gerais, em 22 de setembro de 1899, onde foi batizado. Seus pais eram: Leão Coelho de Almeida e Maria Sebastiana Alves Moreira. Leão, natural de São João da Barra, RJ, estudou em Paris. Tornou-se um homem descrente; não tinha boa formação religiosa. Sua mãe, natural de Sacramento, MG, era uma mulher meiga e piedosa. Casaram-se no civil e no religioso em Sacramento, em 20 de janeiro de 1897. Vítor era o segundo filho do casal. A mãe faleceu ainda jovem, de tuberculose, e o pai Leão ultrapassou os 90 anos.

Aos 7 anos, Vítor esteve à morte por três dias, com forte febre que comprometeu seus pulmões. Em duas outras ocasiões, a tuberculose ameaçou sua vida: em 1921, na Alemanha, e, em 1941, nas missões. Aos 8 anos, ficou órfão de mãe. Como seu pai não pudesse cuidar dele por lecionar na zona rural, entregou o menino aos cuidados da avó materna, que também não deu conta de educá-lo. Sem o amparo da mãe, tornou-se um moleque, aprendendo com os companheiros de rua vícios e molecagens. Seu primo padre e pároco de Bangu, no Rio, Cônego Vítor Coelho de Almeida, que também fracassara na tentativa de educá-lo, internou-o, em 1911, no Colégio Redentorista de Santo Afonso, em Aparecida. Seu pai, ao receber essa notícia, converteu-se, voltando à prática da religião. Aconselhado por amigos, ele havia feito uma promessa a Nossa Senhora Aparecida para conseguir colocar seu filho em um Colégio.

Tocado pela graça de Deus, Vítor também mudou de comportamento e decidiu seguir a vocação de missionário redentorista. Recebeu o hábito, em 1º de agosto de 1917, e fez os votos religiosos na Congregação Redentorista, em 2 de agosto de 1918. Iniciou logo os estudos superiores em Aparecida, continuando-os na Alemanha, para onde viajou em 1920. Foi ordenado padre em Gars am Inn, em 5 de agosto de 1923, voltando para o Brasil em setembro de 1924.

Padre Vítor trabalhou com muito zelo nas Santas Missões, na Rádio Aparecida e no Santuário. Foi bom catequista (1925-1930), mostrando muito amor às crianças e zelo na formação de bons catequistas. Ele não queria que as crianças sofressem o que ele sofreu por falta de instrução religiosa.

Durante 10 anos (1931-1940) dedicou-se à pregação direta das santas missões, revelando seu carisma de pregador. Anunciando a misericórdia de Cristo, levou grande número de pessoas à conversão: sua fama atraía multidões. As crianças não perdiam a missãozinha especial para elas. Sabia despertar nos meninos o interesse pela vocação de missionário. Muitos redentoristas lhe devem a vocação.

Atingido gravemente pela tuberculose, em agosto de 1940, retirou-se para o Sanatório da Divina Providência, em Campos do Jordão, SP, em janeiro de 1941, onde aprendeu com o Cristo Sofredor o mistério da dor e da solidão. Esteve muito mal durante quatro anos (1941-1944), chegando a perder um dos pulmões. Ele atribuiu sua cura à oração do servo de Deus, Padre Eustáquio, que o visitara na ocasião. A solidão do Sanatório foi a bênção de Deus no caminho de sua vida. Transformou o ambiente do Sanatório, despertando nos doentes amor à vida e muita confiança em Cristo.

Em 1948, já recuperado, voltou para Aparecida, onde Deus lhe indicou um novo caminho de ser missionário. Começou, então, sua missão carismática de pregador da palavra convertedora aos romeiros. Incentivou a fundação da Rádio Aparecida, e, desde sua inauguração, em 8 de setembro de 1951, foi sua voz profética durante 36 anos. Seus assuntos prediletos eram: catequese, Sagrada Escritura, formação de comunidades rurais e Doutrina Social da Igreja. A audiência cativa de seus programas era enorme; até membros de igrejas evangélicas apreciavam suas lições sobre a Bíblia Sagrada.

O povo chamava-o de "santo" já em vida. Lutou contra seu gênio agressivo e extrovertido, herdado de sua avó francesa Victorine Cousin. Humilde, porém, sabia pedir perdão, o que fez muitas vezes em público. Considerava-se indigno de ser sacerdote por causa do mau comportamento da infância. Costumava dizer: "Sou filho da misericórdia de Deus, ele me tirou do lodo, de lá de baixo, para me colocar bem alto na vocação de sacerdote". Foi nessa direção que desenvolveu toda a sua virtude e todo o seu zelo apostólico. Possuía uma fé inquebrantável, conformidade com a vontade de Deus, fervor na oração, ardor no zelo da salvação das almas. Com grande unção, procurava incutir em seus evangelizados a mesma confiança na misericórdia de Cristo e de Maria. A devoção a Nossa Senhora Aparecida foi a força de sua piedade pessoal e de seu zelo na pregação, procurando levar todos à prática da vida cristã. Os peregrinos que vinham a Aparecida, depois de visitar Nossa Senhora, não dispensavam a palavra e a bênção do Padre Vítor Coelho. Faleceu no dia 21 de julho de 1987.

ORAÇÃO PELA BEATIFICAÇÃO DO PADRE VÍTOR COELHO DE ALMEIDA

Deus, Pai de bondade e misericórdia, que concedestes ao Padre Vítor Coelho o dom de anunciar a Palavra da Salvação com piedade e unção, concedei-me a graça de seguir o seu exemplo de fé e confiança na misericórdia de Deus e na intercessão de Maria, sua Mãe, para obter minha conversão pessoal. Peço, ó Trindade Santa, por intercessão de Nossa Senhora Aparecida, a beatificação do vosso servo fiel, Pe. Vítor Coelho, para vossa maior honra e glória. Peço-vos, ainda, com profunda fé e confiança, que me concedais, pela intercessão de Nossa Senhora Aparecida e de seu servo, Pe. Vítor Coelho, a graça particular de que tanto preciso (*mencionar a graça desejada*).

Por Jesus Cristo, Nosso Senhor. Amém.

(Ao final, rezar três Glórias ao Pai e uma Ave-Maria)

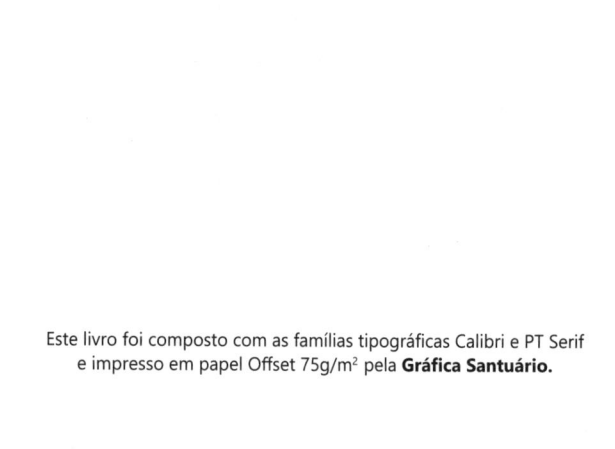

Este livro foi composto com as famílias tipográficas Calibri e PT Serif e impresso em papel Offset 75g/m² pela **Gráfica Santuário.**